JN408755

등불하나

青岩 황갑윤 시집

등불하나

해암

| 시인의 말 |

나는 시 속에 산다

시를 읽고 쓰면 행복해진다.
그 매력에 시인은 마음이 빠져있다
시인의 시선에 시인의 느낌이
마음 안에 담겨져 내부로 비쳐들면
창조적 의지는 형상화 되고 언어화 되어
한 편의 시가 탄생된다

나는
아침에 일어나면
시를 읽고
늘 시를 생각하며
시를 쓰고
시를 사랑하며 산다

저녁이면
시를 읽고
시집을 머리맡에 두고
잠이 든다

때로는
꿈속에서도
시를 읽고
시를 쓴다

나는 시 속에 산다
나는 행복하다

2014년 10월
황갑윤

| 차례 |

1_ 부산

2_ 등불하나

3_ 코스모스

4_ 연가

5_ 너는

6_ 사랑하는 당신

제1부

부산

갑오년甲午年

새벽에 일어나 파란 하늘을 본다
이슬에 목을 축인 숲들 사이로
방금 배달된 갓-구운-365일에
두 손 모아 감사드린다

해가 내 안으로 들어온다
나 또한 해로 들어간다
우리가 서로 안에 들어가지 않는
그런 순간은 없다

갑오년 정월 초하루의 우렁찬 발소리
자욱한 새벽의 기운에
가슴이 가득 차서 터질 듯하다

해야 솟아라
바다마저 흔들리고 땅마저 요동치도록
힘차게 솟구쳐라
그리하여 마셔도 타들어가는 목마름을
여명의 빛으로 멈추게 하라

부산

하늘은 바다를 안고
바다는 하늘을 품고
파도가 출렁이며
자꾸 제 살을 뜯어 삼키고
토해 내고
그러다 거품 물고 하얀 꽃으로 피어나
따스한 만남의 술잔으로 부딪힌다
나의 꿈은
더욱더 깊은 바다 속의 비릿함까지 머금고
펄떡이는 물고기의 싱싱함도
자갈치 시장의 푸른 꿈이 되고
거친 파도에서 튕겨져 나온
짠물에 절여진 빛은
뚝뚝 땅으로 떨어져
부산이 되었다

바다

푸른 하늘에 바닷새 한 마리가
바다 속으로 내려앉았다, 솟아오른다
부리에 빨간 사과보다 더 탐스런
다금바리 한 마리를 물고
투명한 햇살에 두 날개를 편다
능숙한 예술가의 지휘봉을 잡은 부리는
끼룩끼룩 소리의 파도를 지휘한다
검푸른 태곳적 바위에 앉아
비단을 짜고 있는 시간을 보자
이슬 젖은 꽃잎 펼치며
덤불 속 장미가 피어나는데
언제 나는 이 긴 침묵을 깰 수 있을까
태풍이 지난 자리도 마침표가 없다
냄새나는 시궁창도 파도가 스쳐 지나가면
태초太初의 푸른 바다가 된다
나는 바다에 이부자리를 펴고 잠을 청하면
하얀 포말은 여전히 고요한 수평이다

을숙도 1

갈대 숲 서걱서걱 지나 을숙도로 간다
지친 날개 접어 바람의 때를 기다려
완벽한 휴식을 위해
제 울음에 눈이 짓물러도 모르는 척
새처럼 자유를 지고 그곳으로 간다
키를 높인 갈대는 야윈 손 하얗게 흔들며
제 스스로 바람이 되고
눈부셔 고개 숙인 새들은 또 어쩌려고
돌아든 강물에 제 몸 비춰 보는가
희끗한 머리카락 날리며 알몸 훤한 달로 떠서
나 이렇게 새처럼 조용히 물이 드는가
무거운 침묵이어도 좋다 푸른 꿈이 아니어도 좋다
이처럼 아늑하여 정다운 회귀의 모태가 있다면
뜨끈한 햇살 온몸으로 받아 두르고
푹푹 빠지더라도 서둘러 가야한다
철새 떼들 날아들 때마다
목마름과 신음으로 피워낸 글썽이는 하얀 꽃
누가 맥을 짚어 을숙도라 했는가
바람 소리도 음악인 듯 헐거워지는 을숙도는
이곳이 서럽다고 멀리 떠난
또 한 마리의 철새를 기다리고 있다

을숙도 2

낙동강 하구둑에서
잔잔한 물결에 몸을 담고 앉은 을숙도를 바라본다
물을 품고 얌전히 앉아 있기가 그리 쉬운 일이던가
별빛이 반짝이는 밤 희미하게 야위어 가는 달빛
그 빛을 먹고 사는 물고기들은 연신 몸을 꿈틀거린다
하얀 비늘의 반짝임속에 욕망이 드러나고
갈대와 수초가 무성한 을숙도는 바람이 불면 흐물거린다
언제까지 버티고 있을 것인가
먼 길 날아온 철새들의 울음소리는
갈대의 목덜미를 타고 뿌리까지 흘러내린다
밀려오는 잔잔한 물결에 무너졌다 쌓이고
쌓였다 무너지는 을숙도는
우리의 미래와 꿈이 있다

을숙도 3

금세 지워질 바람의 길을
헛웃음만 치며 홀몸으로 걸어가는가
좁혀져 가는 보금자리 버리지 못한 꿈
을숙도의 푸른 꿈은 우리의 미래
목덜미에 마른번개만 치는 그곳으로
지친 날개를 접기 위해 가는가
바람 한 점 햇볕 한 움큼
철새들의 울음조차 품어 안고
등짝에 강바람 일으켜
은빛 물비늘 수없이 만들지만
몸 한부분이 빈 역사 속으로 사그라져가는 것을
새 떼들이 부리에 물고 온 황금빛 그리움
갈대숲을 서걱서걱 걷는 것은
늘어진 어깨에 비상의 날개를 달기 위함인가
그리운 곳 차마 어쩌지 못해
하늘도 함박눈 펑펑 쏟아붓는가

철새

님 찾아온 철새는
강물 위에 노닐고

그리움에 애태우는
이내 마음 알까마는

언젠가 떠날 너를 생각하니
가슴만 메이누나

삼락공원

넉넉한 습지는 생명을 잉태하며
푸근한 가슴으로 보듬어 기르니
어진 어미의 품속이어라
강물은 바람에 자애롭고 천명에 순응하니
꽃이 피고 맹꽁이 울음소리 들린다
빛을 받은 솔바람은 내 가슴을 적시고
갈대숲 따라 자박자박 따라간 그곳엔
철새의 깃털이 날아와 사뿐히 앉는다
황홀지경으로 다듬고 손질하여
저토록 생기 있는 웃음을 내리는가
수양버들 잎에서 물살이 일고
지친 몸 씻어주는 뜨거운 자유가
하늘 향해 넘실거리는
삼락생태공원
아 꿈결이어라
어떤 모습을 숨겨 놓고
어떤 기억을 보듬고 있는가
고두밥 같은 몽실한 꽃들이 일렁이면
별빛은 점점이 속살을 드러낸다

감천 앞바다

감천 앞바다에서 너를 사뭇 찾았다
너, 지금 어디 있니
안개 낀 바다 끝자락에서
길 잃은 배처럼 나는 쓸쓸했다
밤새 바람 불고 비 내려 폐허가 된
내 가슴에 빛을 심어주는 너
오늘 밤 바람이 구름을 쓸어가는 자리마다
떠오르는 너의 그림자
창문을 통해 바라보는
눈동자 속에 아름다운 빛이 가득하구나
이제 꽃송이로 채색하자
나의 안식처에서
너를 볼 수 있으니 행복하다

송도

바람에 휩싸인 송도해수욕장을 보았다
아름다운 하얀 포말과 날씬한 파도의 만남은
견우와 직녀의 만남보다 아름답다
바다 속 깊은 곳에서도 많은 물고기들의 삶은
존재에서 또 다른 존재로 변해가고 있었다
낮과 밤의 침묵
바다 속의 침묵
세상의 침묵
사람과의 침묵
내가 바라보는 바다
물속 물고기들의 빛깔
삶의 여정旅程에서
저 아름다움을
내 안에 차곡차곡 채울 수 없을까

다대포

바다가 꿈틀거린다
생명의 원천인 깊고 넓은 물
모르는 일
알고 있는 일
다 녹여놓고
바다 속에 푸른 집 짓고
새색시 단장 하고
사람들이 모여 가례嘉禮를 치르니
물고기는 노래하고
새벽안개 모락모락 피어올라
다대포 해수욕장 끝자락에서
해가 솟아오르고
아침밥을 짓는 새색시의
얼굴이 붉다

해운대 해맞이

내 이마에 세월의 흔적을 남겨놓았기에
새해 아침에는 다시 아이가 된다
내리는 비가 해변의 발자국을 지우듯
동백섬 꽃잎 사이로 보이는 햇살이
나의 주름살을 펴준다
가시밭길을 걷다가 솟아오르는 해를 보면
어린 시절 고향이 다시 그리워진다
대지가 너를 품에 안고
찬란한 꽃망울을 터뜨리며
꽃으로 다시 피어나는 잔상
내일의 꿈을 심어주고 있다
갑오년에는 기쁨과 사랑 행복이
우리 가정에 내려라

송정

활짝 문 열어 놓고 푸르게 타 오른다
하얗게 범람하는 파도만이
자신을 다독거려 고요하게 잠재운다
살과 피를 간간하게 맛 들여 놓고
바람 앞에 맞서는 너를 누가 그냥 물이라 할까
너를 만나는 건 온 세상을 만나는 일이며
정직한 생을 살피는 일이라
결코 너를 나와 비교하지 않으리라
네가 없었다면
너를 배반해볼 꿈이나 꿀까
마음을 헤집고 들어온 꿈꾸던 바다
단 한 번의 포옹으로
눈부신 환희가 그려지면
별이 하나 둘 돋기 시작한다
갖가지 상념들을 깊숙이 내리고
허공만 품은 배를 쥐고
늘 그만큼의 무게와 모습으로 존재하며
오래도록 비어있는 풍경을 바라보다
그 풍경을 지우고 다시 채우는 일로
영원히 살아있는 송정해수욕장

첫눈

백색으로 물들이는 하얀 눈을 보라
상상의 조각들은 자아를 찾고자
닻 내릴 부산 항구를 찾고 있다
터지는 가슴을 말리기 위해
눈물을 흘리는 너의 모습은 애잔하다
내가 만일 얼마나 원하느냐고 묻는다면
놀라운 흐름으로 흘러들고 싶다 말하리라
격한 번민 속에서 껍질이 부서지도록
두드리고 또 두드려도
타오르는 내 심장의 불꽃이
새로운 존재가 된 너의 곁에
머물 수 없는 것은 흔적 없이
사라질까 두려워서이니라
내가 살아있는 순간마다
부드럽게 숨 쉴 수 있는 것은
네 숨결이 있기 때문이다
파란 하늘 푸른 바다
하얗게 밀려오는 포말을 보라
가슴 가득 삶을 껴안을 수 있지 않겠는가

대한大寒

지독한 몸부림인가 눈발이 휘몰아친다
살점을 도려내는 혹한 속
허허벌판을 날지 못하고
바람 따라 허공 속을 떠도는 새 한 마리
캄캄한 어둠을 삼키고
가시 박힌 소리로 슬피 울다가
끝내는 야위어 새까맣게 타버리고 마는가
너는 무슨 사연으로
아직도 가지 못하고 문밖에서
그 외로운 천형을 견디며 서성이고 있느냐
나 또한 얼마만큼 오래
모진 삶에 목울대를 내어주고
꿈속을 뒤척이는 매운 밤을 참아내야
살아가는 자리마다 환하고 따스울까
온몸을 휘감아 안고 광녀의 춤을 추며
살을 갉아대던 너를 다 토해 내고
살얼음 진 바람에도 일어서리
그리고 날아오르리

금정산
– 신선神仙이고 싶어라

걸친 옷 다 벗어버리고
나뭇가지에 내 마음 걸어 놓고
푸른 하늘에 떠있는 구름에 몸을 실어
정처 없이 떠나고 싶어라
저 아름다움의 풍경을 보라
가을의 낙엽이 한 잎 두 잎 쌓인 자리에
집을 지어 내 소중한 사람의
가슴에 안겨주고 싶어라
밤이면 아름다운 별빛
숲속 깊은 곳에서 흘러내리는 물소리
새들이 지저귀는 노랫소리는
환상의 화음이 되어 단아한 달빛에 휘감긴
그 속에서 살고 싶어라
하늘에서 고요는 포근하게 내려앉고
그 속에서 웃고 있는 얼굴이여
신의 신성함 속에서 나온 아름다운 반쪽이여
내 영원한 반쪽이 되려무나

산수유 꽃 편지

노란 금빛에
그리움부터 먼저 쓰자

빨갛게 익어 조롱조롱 매달린
내 마음을 그림으로 그리자

기쁨도 고통스러울 수 있고
슬픔도 아름다울 수 있다는 것을
색깔로 입혀보자

사랑은 붉은색
이별은 검은색
기쁨은 노란색
가슴속에 있는 것만 쓰자

전하지 않아도 언제나
마음과
마음을
읽어가는 산수유 꽃 편지

흔들리는 삶

나는 왜 바다를 바라보고 있을까
위태롭게 흔들리는 푸른 파도 끊임없이 밀려오는 포말
수평선은 빗줄기와 하나 되고
하늘이 남긴 연한 입술자국을 연민의 정으로 바라본다
비를 맞으며 바람에 흔들리는 장미꽃처럼
그렇게 살아갈 수 있을까
풀잎은 언제나 흔들리며 기다리지 않는가
욕망에 걸려 넘어지며
내 몸은 하얀 파도에 밀려 어디로 가는 것인가
영혼을 일깨우는 곳은 없을까
화초에 물을 주면 영혼도 흐르는 시간도 꿈을 꾸겠지
파란 바다를 빗방울이 두드리는 소리가 들린다
바람이 스치는 사색思索의 빗줄기가 나를 흠뻑 적신다
어떻게 왔을까 겁도 없이 말일세
무거운 짐 풀어놓는 날
벗어던질 누더기가 왜 이리 무거운가

제2부

등불하나

아버지

한 달에 몇 번 얼굴을 볼 수 있었던 사람
이웃집 아저씨 같은 그 사람
밥을 먹을 때는 홀로 밥상을 받은 사람
밤이 되면 함께 잠을 잤던 사람
그 사람이 내 아버지
오늘 밤 유난이 생각나는 그 사람
별들이 주저리주저리 열리고 은하가 내리는 깊은 밤
그곳에서 내 아버지가 나를 부르는 소리가 들린다
내 어머니가 들려줬던 배틀 소리는
가끔씩 개짓는 소리에 묻혀 지금도 실낱같이 들리고
많이도 보고 싶은 사람
내 아버지 어머니
하늘나라에서 함께 살고 계실지
보고파 불러보는 소리가 들릴까
애타게 사무치는 마음이 전해질까
허공에 그리움만 맴돌고 있다

화전 밭에서 불렀던 노래

내가 태어났던 양산 양지마을
13세 어린나이에 아버지의 아픈 고뇌를 몰랐다
6·25 전쟁 때 전사한 아들의 첫 연금을 받아
돌아온 아버지는 방에 누워 일어나지 못하고
하늘나라로 가셨던 날
나는 뒷산 화전 밭에서 초상날 오실 손님을 위해
고추, 배추, 상추를 소쿠리에 담고
그날의 비극을 알지 못한 채 노래를 불렀다
바람아 불어라 내 가슴으로 불어라
바람아 불어라 내 어머니의 아픈 가슴으로 불어라
바람아 불어라 내 아버지의 상처난 가슴으로 불어라
그렇게 그렇게 노래를 불렀다
철없던 시절 불렀던 이 노래가
아직도 내 고향 화전 밭에서 들려온다
가슴으로 마음으로 녹아내리는 노랫소리가
내 유년의 노랫소리가

어머니

바라보며 공경하기엔 시간이 너무 짧았습니다
허약한 인생의 디딤돌 위에서
마지막까지 철저한 베품의 신화가 되신 당신을
고문처럼 그리워합니다
으깨진 마음과 그리움을 감추어 두고
새벽을 싱싱하게 열어 주셨던 어머니
탱탱하던 가슴이 헐거워졌을 때까지
자식 위해 기도하는 그 모습 지울 수가 없습니다
무작정 희생과 홀로 바친 당신의 사랑에도
동족상잔의 비운 속에서 두 아들을 잃은 아픔이
이제는 사무침 되어
단단한 응어리로 남았습니다
적막처럼 앉아 늘 품에 안기듯 오시는 당신
그리도 아프셨습니까
고우시기만 했던 모습
밤새 어둠속에 숨었다가
아침이 되어 환한 빛으로 오신 나의 어머니
내 눈물조차도 꽃이 됩니다

어머니 제사

엄마, 엄마 불러봅니다
입으로 차마 슬픔을 말 못하고
눈물어린 눈짓으로 찾아갑니다
보고픔의 서러움이 한밤을 지새워도
떠나버린 어머니
꽃다발도 장미꽃도 쓸쓸하기만 합니다
언제인가 뒤따라가겠지요
떠돌면서 그리움에 겨워 가겠지요
항상 내 곁에 있는 인자한 어머니
이 슬픔이 가슴을 에는 칼이라면
내 목숨 벌써 어머니 곁에 가 있을 것입니다
오늘 밤 오시는 어머니
어머님의 만찬을 위한 아내의 손놀림
그 시간이 나는 기다려집니다
내가 아파서 너무 아파서
어머니 보기가 민망해서
가슴 속바람은 얼마나 설렁거리는지
얼마나 굽이치며 숲을 휩쓰는지
어머니가 오시는 이 시간은 비바람도 잔잔합니다
천천히 구름도 흘러갑니다
나의 소중한 시간은
어머니와 함께하는 이 시간입니다

추석날

추석날 새벽 목욕탕에 갔다
반신욕에 땀방울은 방울방울 흘러내렸다
집에 도착하자 마자 혼수상태
밤마다 찾아오는 아픔 때문이었나
감천 앞 바다에 정박한 배들은
항해길 따라갈 길이 있겠지만
내 아픔은 가슴에 엉켜 있었다
추석의 기쁨도 산산이 부서지고
숨어서 울어야 했다
이 아픔 누구에게도 말할 수 없었다
낮과 밤이 지나고서야 깨어났다
누가 나를 반겨주어야
내 얼굴에 꽃이 피려나
나는 어찌합니까
내 몸이 천근인 것을

형兄

겨울잠에서 깨어나지 못한
매화나무 가지에
꽃망울이 기지개를 켜며
속살 수줍게 드러낸다
어린 시절 보리밭에서
형아 저 꽃 이름 아나
이 바보야 매화꽃도 모르나
그러던 형아는
매화꽃보다 먼저 가버렸다
바람에 떨어지는
꽃잎을 바라보면
형아 향한 그리움이
가슴 아린다

현충일

바위가 되고 안개가 되어
오늘 그대가 빛으로 오셨네요
호국영령이여
순국선열이여
전몰장병이여
그대들이 있었기에 수많은 생명을 구하고
헤아릴 수 없는 세월을 바깥 공간에서
불비로 몸을 바꾸었지만
오늘 아침 나를 보는 눈동자는
죽지 않았음을 일러주는구려
향기로운 그대 빛은 역사의 갈피에 스며들어
장밋빛으로 가득 채우고 있습니다
오늘 아침 비둘기는 날개를 활짝 펼치고
우리는 팔을 벌려 진심으로 환영합니다
그대에게 감사의 고개를 숙입니다

뻐꾹새

나뭇가지에 앉아있는
새 한 마리를 가만히 바라본다
어디서 왔는지 알 수 없지만 노래를 부르며
내 마음을 기쁘게 해주고 있다
파릇한 가지에 둥지 짓고 알을 낳고 부화하면
계절 따라 또 다른 곳으로 가야 하는
너를 볼 때 내 마음은 가지가 휘 듯
열매가 달린 나무와 같이 무겁기만 하다
네가 떠난 오늘 밤 유난이 하늘이 높다
반짝이는 별이
자주색 옷을 입고 오신다는 님을 위해
길 위의 먼지를 청소하고
새로운 삶을 살아 가겠다고 다짐을 한다
어디선가 꽃들의 노래 소리가 들린다
파란 하늘 갓 피어난
꽃송이가 들판에 피어난다
님은 노래하고 나는 춤추고
뻐꾹새도 뻐꾹뻐꾹
노래하며 춤을 춘다

슬픈 눈물

신의 물방울일까
천상의 이슬일까
두 손으로 받쳐 올리는 심연의 뜨거움이여
얼룩으로 한 점 남겨질 흐느낌
솟구친 마음 애써 도도하게 품었다가
심장 어느 한 곳 까맣게 타 들어가면
바람의 날갯짓에도 터뜨리고 마는 존재의 덧없음이여
울컥 토해낸 한 뭉텅이 자존심이
가벼워서 너무 가벼워서
차라리 하얀 꽃이 되고 마는 차가운 침묵
아 하늘 한쪽이 무너지며 거센 물살이 인다
얼마를 흘러야 끝인가
생의 어디쯤에서 썩을대로 썩어
사무침의 뒤편에 더운 허물을 벗어두고
낮은 울음으로 세상을 볼 수 있을까
슬픔이 걷히고 눈물이 마르고
바람을 핑계로 생을 툭 끊어낼지라도
제 몸을 거뜬히 비워내고 사라진 너를
그리워하지 않기로 한다

등불하나 1

드리워진 그림자
그 안에서 나를 봅니다
풍선처럼 떠올랐던
꿈도 있습니다
비온 후 개인
파란 하늘의 맑음만큼이나
고운 아름다움도 있습니다
슬픔 아픔 상처의 그림자도
한켠에서 나를 바라봅니다
이제는
가을이 만들어낸 고운 빛깔의
단풍나무를 닮고 싶습니다
붉게 타는 저녁노을 빛으로
남고 싶습니다

등불하나 2

희미한 등불하나
고요한 밤에도 내 얼굴을 비춥니다
그토록 그리워하고 슬프게 하는 것은
까만 눈동자 때문입니다
나뭇가지 단풍은
모두 다 떨어져 낙엽이 되었습니다
그 아픔의 상처를 나는 압니다
얼마나 아파했을까
머나먼 여행 갔다
돌아오면 잊혀지겠지
하늘을 가린 흰 구름 바람이 차다
곧 진눈깨비가 내릴 것 같다

막차

초록잎사귀들이 무성한 숲이 되고 싶다고 노래한다
산마루가 짙은 어둠에 잠기도록 기다려도 오지 않는 막차
꽃이 피고지고 그렇게 세월은 흘러가도 도착하지 않았다
하나의 마음이 둘이 되고 싶었고
그 둘이 하나가 되고 싶었다
아름다운 것은 아름다운 대로
그리운 것은 그리운 대로
내 옆 빈자리를 비워놓고 있었다
무엇을 얻고자 이토록 기다린 것일까
기억 속에 묻혀 아직도 삶의 깊이를 모르는 것일까
보내버린 긴 세월아
꽃의 색깔과 향기가 하나되면 막차는 올 거야

목마木馬

미치도록 그리워지는 목마야
내 슬픈 모가지를 너의 목에 걸어놓고
기다리는 그리움을 어이 외면하겠는가
가슴에 달콤한 사랑 말 접은 채
내 모습 목마인양 흉내 내어 보지만
뜨겁게 치솟는 애타는 그리움
그립고 그리운 목마야

귀로歸路

서산마루 황혼 빛 등에 지고
목마름의 사랑도 모두 두고 떠나리라

갑자기 부는 바람이여
서늘한 영靈들이여
내 가슴에 남은 상처가 너무 아파서
어떻게 왔느냐고 묻지마라

푸른 바닷물이 황금빛으로 빛나고
푸른 산 나무들도 춤추고
사람들은 따뜻하게 숨 쉬고 있노라

이 세상 구경 왔다 가는 내가
인연 매듭 다 풀어놓지 못하고
석양 따라가는 나를 용서하오

빨간 꽃 속 하얀 심연
보랏빛 사랑 뒤로 하니
이슬과 같은 눈물이 넘쳐흘러도
홀가분하게 떠나야 하느니라

임이여 미안하오
이승에서 못하다 사랑
저승에서 다해줄게
이제 헤어지면 언제 만나나
영원히 잊지 못할 임이여

기도

떠오르는 햇살의 기쁨이
하루를 만나는 희망이 되게 하시고
수많은 인연의 끈들이
나의 마음 안에서 활짝 피어
삶의 기쁨을 느낄 수 있게 하소서
단 한 사람이라도 순간의 기쁨이 아닌
가슴 벅참으로 가득하게 하시고
나를 만나기 전에
힘들어 했던 순간들은 다 잊어버리고
이제 내 가슴 안에서 살게 하소서
언제나 떠오르는 태양은
그대 위해 웃음 지을 수 있게 하시고
그대와 함께 사랑을 느끼며
행복의 강이 흐르게 하소서

태풍

밤이다
빗방울이 지붕을 때린다
홍수로 뒤덮인 대지
우르릉거리며 사라져가는 냇물이
강물 되는 것을 본다

짧은 순간 보일 듯 말 듯
스쳐지나가는 암흑의 형상들
2014년의 밤은 아수라장이 되어
슬픔과 괴로움에 몸부림치는 사람들

밤새 비가 내렸고
마을은 폐허가 되었다
밤늦은 강가에서 외로이 젖은
사람들의 슬픔을 본다

빗방울 속에서
통곡소리가 들린다

굴레

바람은 말이 없고
비에 부식된 채 뼈를 드러낸
돌들의 연륜을 보고 있다

거친 세상을 여행한 내 몸과 마음이
문득 발걸음을 멈추니 두근거리는 가슴에서
너의 온기溫氣를 느낀다

말해다오
내가 전에도 너를 기다린 적이 있느냐
나는 지금 삶과 죽음의 원 하나를 그려놓고
나를 들여다본다

이 무더운 여름 한낮
하늘이 파란 웃음을 웃는 사이
내 곁에 누워 있는 너는 누구이기에
내 마음을 송두리째 빼앗아 가는가

나는 이제 볼 수 있다
고요하고 파란 저 하늘을

선녀가 사는 마을

아침 바람에 몸을 실어
굽이굽이 돌아 멈춘 산골두부 마을
노란 단풍이 웃으며 반긴다
선머슴아이 같은 주인 양반
어서 오시오 투박한 경상도 사투리
정이 뚝뚝 넘쳐흐른다
자갈 마당에는 아낙들이 모여앉아
숯불고기 냄새를 앞마당에서
뒷마당까지 피워 올리고
손 두부를 가득 담아 오는 아줌마
잡수시소
맛있는 두부 군침이 돈다
맑고 화사한 시골의 정취
뒷 산길을 올라 뒤 돌아보니
젖줄 같은 살 냄새가 온몸을 칭칭 감는다
단풍잎 사이로 숨어드는 태양 빛
칡넝쿨 사이에도
이름 모를 작은 풀잎에도
따사로운 온기가 넘친다

제3부

코스모스

시詩

백년의 세월을 기웃거리지 않았어도
천년이 지나 버린 듯 한 나
생의 의미는 과연 무엇이란 말인가
내가 서 있는 곳은 어디일까
마음은 징검다리를 오가며
시상詩想에 잠을 설친다
언제나 해 뜨는 새벽의 여명은 찬란하고
아침을 맞은 동쪽이 먼저 뜨거워진다
시詩의 기도문을 쓰고 싶다

춘삼월

하얀 눈송이가
가슴에 스며드는 줄 알았더니 흔적이 없다
잔설이 쌓인 틈새에서
뾰족이 내민 너를 찾아 산자락을 헤맨다
계절이 바뀔 때마다
찬바람이 스쳐 지나가면
영하로 내려놓는 하늘의 심술
잿빛 구름사이로 흐릿하게 보였다
사라지는 푸른 빛
기다림은 언제나 목이 마른 것
개나리 철쭉 꽃망울은
스치는 바람에 수줍어하며
화사한 꽃봉오리 터트린다

폭포의 서곡

은하를 씻은 방울이 저 벼랑 끝에 부딪쳐
쏟아내는 소리는 폭포의 서러운 서곡이어라
은하는 폭포가 그리워 눈물 흘리고
폭포는 은하가 그리워 하얗게 퇴색되고 있구나
비단자락 너울대는 밤의 풍경에
내 마음 서리를 저 하늘 끝자락에 걸어놓고
별무리에 휘감기어 한 세상 살고 싶어라
가을의 오곡이 무르익는 시간 속에
내 삶의 고뇌가 어둠 속에서 춤을 추고
한 많은 인생사 부질없이 흘러만 가누나

편지

이름도 주소도 모르는
그녀에게 편지를 쓴다

그대 모습 안개에 가려도
편지를 쓴다

혼자 있어도
흔들리지 않고 편지를 쓴다

이밤 새벽이슬에 젖은
두 어깨 위에 편지를 쓴다

그리움에 눈물 망울이
하얀 백지를 적셔도

그녀는 읽을 수 있을 거야

코스모스

햇빛이 흠뻑 잠긴 어느 들가에
질펀한 그늘 드리우며 한 여인이
뜨겁게 맨살 부비며 지나간다
숨죽이며 바라보고 있는
누이의 뽀얀 목덜미에도
가을의 햇살은 붉게 물들고
순풍에 가는 허리 흔들거리며
외로움 앓이 하는 코스모스의
하얀빛 서러움
언젠가는 한 끈에 묶여 고향으로 돌아가
그 아픔 흔들어 보리라
환한 얼굴에서 기쁨의 눈물이 흐를 때까지
마구 흔들어 보리라

해바라기 꽃

한 조각 흰 구름이 바람에 실려 갈 때
향기로운 풀밭으로 찾아온 햇님
기쁨에 취해버린 해바라기 꽃
요정 같은 자태로 포옹을 한다

양귀비

장독 뒤편
양귀비꽃은 빛의 환상인가
길 잃은 나그네
그 향기에 젖어 발길을 멈춘다
헤일 수 없이
활활 타오르는 불꽃
웅녀의 가슴에는
사랑의 맥박이 뛰고
생명의 씨앗은
황홀한 생채기

꽃

아름다운 꽃을 보면
마음이 녹아내린다
눈부신 향기로 치솟는 붉은 피
깨끗한 피가 꽃이 되었다
나도 꽃이 되고 싶다
따사로운 햇살의 온기와
산들바람의 부드러움을
피부로 느끼며
정겹도록 가슴벅찬 꽃이여

한조각 그리움

은빛 물결이 찰랑이는 강가
단둘이서 자리 잡은 창 넘어
저 푸른 물결
너와의 기억들이 하나 둘
강물 속 깊숙이 잠들고
차마 깨우지 못한 것은
내 안에 한 조각 그리움이
머물기 때문이지
봄을 닮은 너는
왜 시리도록 아픈 여울일까
너를 생각하면 이 적막한 밤을
어떻게 지새울까

그리움

툇마루에 홀로 앉아 밤하늘을 보면
희미한 조각달이 구름속에 숨겨져 있다
가끔씩 반짝이는 별 하나
모든 기억들이 묻혀져 아프고 시렸던 마음
너를 찾아 산마루 고갯길을 나선다
비라도 오시려나 눈이라도 오시려나
소식 없이 찾아올 너를 기다리며
바람에 흔들리는 문짝소리에
내 가슴은 멍이 들어 허물어진다

내 고향

새들의 노랫소리가 들린다
숲이 있고 꽃이 피고
귀뚜라미 소리가 언제나 들렸던 곳
내 고향 양산 호계동
거대한 산막공단으로 변했다
내 어버이가 떠날 때도 달빛은 밝았다
뿔뿔이 흩어져 모두 떠난 그 자리에는
풍경이 찢어지고 엉클어진 모습뿐
밤하늘의 달빛은 구름에 가려 보이지 않는다
내 어머니의 새벽 아궁이 부지깽이 놀림에
지붕 위로 연기는 피어올랐다
고향 땅의 우리 삶은 행복했는데
다시 볼 수 없는 내 고향
멀리서 바람의 속삭임 들려온다
그리고 이따금씩 이어지는 번뇌
내 아름다운 추억은 얼어붙었다

가을 1

가을이 오고 있다
열매가 익어간다
잎들이 춤을 추며
빨강 노랑 색깔들의 잔치
봄과 여름동안 가지는
잎들을 붙잡고 있었지
참 수고 했어
이제 가도 좋아
詩人들이여 무엇을 기다리고 있는가
이 빛의 시상詩想을
깊은 밤은 빛이 없다
가을 낙엽 지는 소리를 들으며
내가 여기 있기에
네가 거기 있음을
나는 안다

봄을 기다리며

살갗에 와 닿는 감촉이 달랐다
아지랑이를 보았나
풋내를 풍기는 매화망울이
숫처녀 가슴같이 부풀어 오른 너는 누구인가
상큼하게 웃고 있는 너를 보면
내 심장이 녹아내려 피돌기를 하는 거야
눈송이 머금고 샛노란 개나리도
뾰족이 얼굴을 내밀고 있잖아
산들바람과 따스한 온기가
온몸을 감싸 안아 줄거야
또 한 차례 눈이 많이 왔지
시샘하는 꽃샘추위라는구나
겨울이 가고 봄이 성큼 오는 줄 알았더니
다시 뒷걸음질 치는 듯
촛대바위 구경 갔다 고생하는 사람들도 있잖아
하지만 계절은 속일 수없어
꽃의 향기로움이 곧 세상을 뒤덮겠지

봄

얼어붙은 해는 맥박 속으로 스며들고
새벽에 잠을 깬 아낙의 하품에
매화망울이 터지는 소리가 들린다
초가지붕 위에도 봄볕이 따사롭고
냇가에 버들강아지 하얀 옷 입고 춤을 춘다
봄이 너의 이름을 부르고
바람이 생기를 불어넣으면
꽃이 피고 열매를 맺는다
겨자씨 한 알에
황금빛 하늘이 들어 있다

봄 처녀

하얀 쪽배를 타고 서성이면
새벽이슬 머금고 바람이 불어온다
찬바람 스쳐지나간 나뭇가지에
붉게 물든 내 마음 걸었더니
화사한 꽃등이 피어나
훈훈한 보리밭에 그 향기 쌓인다
봄처녀 날갯짓에
계절이 바뀌고
연한 잎 돋아나
아낙네들은 봄나물 캐기가 바쁘다
투명한 햇살에
새털보다 가벼워진 봄 처녀 머리 위에
긴 아지랑이가 걸려있다

역사를 쓴다

자욱한 안개가
새벽의 입김에
너의 이름을 쓴다

반짝이는 아침 햇살
창문으로 스며들 때
포근한 가슴으로
너의 마음을 쓴다

몸속에서 망울망울
맺힌 땀방울이
떨어진 그 자리에
너의 혼을 쓴다

노을 지고
어둠 속에서 웃고있는
아름다운 눈동자 보며
너의 역사를 쓴다

집념

누구도 어쩌지 못했다
바람이 몰고 온 폭풍
지축을 흔들고 지나갈 때
꿋꿋이 견뎌온 날들
넘어질 듯 다시 일어나는
너는 누구인가
삶도 죽음도
통제할 수 없었지만
모든 것에 정직했다
혼자 마시던 커피도
누군가와 마시고 싶고
즐겨듣던 음악도
누군가와 함께 듣고 싶다
삶의 지독한 몸살은
꿈속에서 깨어나
벅차게 포옹하고 싶다

심연深淵

철새들이 날아가면
곧 눈이 내릴 거야
잊어야 할 사람을
잊지 못하는 창백한 나목
바람조차 한숨을 쉬며
깊이 잠들게 하지만
편안한 마음 되지 못했다
끝없는 깊은 심연
나타났다 사라질 때
보이지 않는 손으로 연주를 하자
누가 듣고 있을까

제4부

연가

부산대학병원 1538호
– 병상일기 1

한 마리 새가 되어
창공을 날고 싶다
푸른 바다와 푸른 산을 넘어서
바람이 불고 비가 내려도 날아가리라
가다가 폭풍을 만나고
진눈깨비에 흠뻑 젖더라도
이름 모를 그곳에 가리라
그곳에서도 하늘이 있고
푸른 바다가 있고
땅 위에 푸른 초원이 있고
아픔과 괴로움이 없는
그곳에서 살고 싶어라

숨이 차서
– 병상일기 2

길을 걸어가다가 숨이 차서
나무 그늘을 찾다가 말라버린 가시나무가 되어
내 그림자 속으로 숨어버렸다
커다란 병원에서 가시에 찔려
넝쿨 때문에 도망갈 수도 없었다
바람이 불고 폭풍이 지나간 자리마다
내 몸 속에 살아있는 너와 언제 이별하는지
네가 보고 싶어서 기다려진다
바람 불면 강가 갈댓잎은 흔들려도
나는 흔들리지 않으리라
하얀 침대 위에 누워 마취를 기다리는 시간만큼
내 병상의 일기는 주어진 시간만큼 쓸 수 있을까
생과 사의 분기점에서
누군가의 따듯한 온기를 느끼며
새벽의 여명을 볼 수 있을까
살아있다는 것은 멀고도 긴 여행이다
아직 남아있는 날들을 위해
여행을 떠나야 겠다

숙명宿命
– 병상일기 3

심장의 고통을 참아야 하는 이 한밤
저 높은 곳에서 비치는 달빛이
내 가슴을 한 조각 한 조각 도려내는구나

땀방울이 온몸을 적실 때마다
한 겹 두 겹 벗겨지는 나의 모습
내 그림자를 내 눈으로 바라보는 이 아픔
비껴 갈 수 없을까

너와 싸우는 순간순간마다
흘린 눈물이 푸른 강물이 되는구나

이것이 나의 숙명이라면
나뭇가지에서 새로운 꽃이 피는 그날을
기다릴 수밖에

내 알몸이 너무 차다
– 병상일기 4

새벽에 일어나면 몸이 차다
너무 아파서
힘이 다 빠져나간다

앞만 보고 달려온 삶
뒤돌아볼 줄도 알아야 했는데
몸속에 숨어있었던 암이랑 혈액종양은
미안하다는 말 한마디 없이
나를 잠식시키고 있었다

바람이 분다 내 가슴속으로
얼마나 더 바람이 불어 닥칠지
살아 숨 쉬는 그날까지 기약 없는 날들
죽음이란 말이
왜 내 가슴 깊이 묻어오는지

거울에 비친 노란 내 얼굴을 바라보니
파란 마음이 하얗게 바래져
밑동까지 드러낸 내 알몸이 너무 차다

내 속에서 우는 바람
– 병상일기 5

병원 창가에 앉아 있노라면
먼 산에서 들려오는 새들의
노랫소리가 가슴 깊이 스며든다
까맣게 타들어가는 골수
젖은 가슴 하나 튕겨나간다
누구에게나 비는 내리고
어둡고 쓸쓸한 날은 있다
봄물은 들어
가지마다 꽃봉오리 맺히는데
내 가슴에 별 하나
언제쯤 세상에 내 걸거나
새벽안개가 자욱하다
온몸을 감아 도는 회색 냄새가 낯설다
내 속에서 우는 바람
시퍼런 바람의 서슬에
날개를 접으며 내일을 기다리는 것은
상처傷處가 남아있기 때문이다

내경內徑
- 병상일기 6

아름다웠다
꽃밭 길 걸어가는
그녀의 하얀 옷
큰 일을 치를 준비를 하고 있음이 분명하다
붉은 가운으로 갈아 입는다
붉다는 것은 왜 섬찟할까
혈액이 더욱 그렇다
따뜻한 온기를 지녀서
몸이 따뜻한 것인데도
내경內徑의 표정으로 바라봐야 한다는 뜻이리라
붉은 가운이 차갑게 몸을 적신다
선뜩거리는 느낌이
미지의 시간 속으로
붉은 핏방울에 빠져들어 간다

마음
– 병상일기 7

힘겹고 쓸쓸한 삶이
무겁게 느껴질 때 떠나고 싶었다
누가 보냈을까
난분이 택배로 배달되어 왔다
그것을 보며 한 줄기 생명력을 느낀다
스승의 날 어떤 제자가 보냈을까
병실의 하얀 침대에 누워 있노라면
내 몸엔 찬바람이 스며든다
간호사의 머리카락 냄새가
내 영혼을 숨 쉬게 한다
한 두 줄기
난잎이 누렇게 변해 갈 때
난분의 갈증도 알지 못하는 나를 보고
소심이 말을 한다
詩人입니까? 예
아픔도 詩를 쓸 수 있습니까
말문을 닫고 말았다
병원에 입원한 후
한 편의 詩도 쓰지 못했다
미안한 마음이다
이 밤도 가슴이 저려오는 아픔을 참으며 시를 쓴다
천형의 죄인이라

기도
– 병상일기 8

나 아파서
이렇게 힘이 들어
이제 거둬주소서

꽃의 숨결은
나의 기쁨
나 편히 잠들게 하소서

나 괴로워하면
나를 부르며 다가오는
꽃의 향기

나 사랑하는
꽃의 기도에
나 떠나지 못하노라

내가 부르는 노래
– 병상일기 9

와병 중인 내가 너의 이름을 부르노라
너는 한 송이 꽃이다
바람이 불면 너의 소리가 들린다
아름답고 감미로운 소리를 들으면
내 아픔이 사라진다
백년도 살기 힘든 인생사
하늘을 바라보니 곱디고운 구름이 흘러간다
슬퍼하지 마라 곧 때가 오면
붉은 얼굴로 뜨겁게 껴안을 거야
바람과 눈과 햇살이 내게로
그때는 아픔도 사라지고 불꽃이 가득 하리라
사랑하는 그대여 나 여기 있으니
내 그대의 것이니 나를 데려가라

이슬처럼
– 병상일기 10

나뭇가지에 돋는 새싹과
둥지에 여린 날개 퍼덕이는 작은 새의
심장에서 들리는 맥박소리는
내 삶의 원천이다
울기 위해 웃기 위해
꽃망울로 피어나기 위해
내면의 아픔을 눈물로 채웠다
누가 나의 이름을 불러다오
바람이 노래를 부르면
내 아픔이 웃음이 될까
삶의 기적이 꽃이 될까
가벼운 미풍이
새들과 더불어 노래하는 소리가 들린다
지금 이 순간을 사랑하며 살자
꽃잎에 내리는 이슬처럼

연가戀歌 1

어느 날
마주선 모습에서 보았다
아스러질 듯한 눈동자
얼굴을 묻고 온기를 느끼며
애틋함으로 가슴 뛰게 하는 사람
나누는 대화 속에
손을 잡고 볼에 가져가리라
함께 있음에 기쁜이여
초승달 같은 당신
외로워 질 때 어김없이
내 가슴속에 존재하는

연가戀歌 2

흐르는 강물처럼 살아온 날들
기쁨과 슬픔도 묻어둔 채
서러운 눈물 흘리기보다는
행복한 미소로 살게 하소서
내가 차가운 눈이 되어
백색으로 이 세상을 적시기 보다는
겨울의 태양처럼 사랑하게 하소서
그냥 부서지는 파도가 되기보다는
정밀한 나만의 삶은
그대 위해 연가를 부르며
뜨거운 불가마에 몸 달궈
보석 보다 더 아름다운 몸이 되어
그대에게 가리라

연가戀歌 3

초저녁에 불어닥친 바람이
잔잔한 내 가슴을 아프게 한 것도
삶의 고뇌이었던가
서걱대는 바람에 출렁대는 물결
달빛마저 찢겨 부서진다
허공을 바라보니
어둠 속을 뚫어 오는 빛 한줄기
그래 그 빛이야 그 빛깔이야
아무것도 감출 것 없는 내 가슴에
초인종을 누르는 사람
그 사람이
어둠에서 빛을 가져왔습니다

연가戀歌 4

나는 부산에서 살고 있다
시내를 갈 때나 드라이브를 할 때나
내 옆에는 아름다운 한 사람이 있다

도로가의 앙상한 나뭇가지가
금빛으로 타오를 때
수없이 달리던 이 길을
오늘도 나는 달린다

이렇게 추운 겨울날에는
마음속에 오래 지니고 있던
둘이서 불렀던 노래를
다시 불러 본다

갈색으로 타는 목마름과
별빛처럼 파아란 아름다움을
내 꿈의 아름다움과
하나 되리라

연가戀歌 5

기울어진 해는
두근거리는 맥박 속으로 사라지고
허공은 철새들이 줄을 지어
흰 날개 속에 깃들인다
모래 위에 남긴 발자국에도 이슬은 내리고
새벽이면 흰 안개가 앞을 가리는 부산 앞바다
갈매기 소리가 내 가슴을 울린다
사랑하는 님아
거친 비바람에도
내게로 온 너를
삶이 끝나는 그날까지 사랑하리라

연가戀歌 6

눈 속에서 오는 빛이여
그대 다정한 말이 빛이 됩니다
달빛도 별빛도 사랑을 위해 불타고
그리움은 이렇게 시작되었습니다
내가 외로울 때나 서러울 때
속마음을 털어놓을 수 있는 사람
젖은 눈으로 바라볼 때면
가슴 한 곳에 비가 내리고
작은 소리로 불러 줄 때면
행복한 마음
그 사람 안에서 살고 싶습니다

연가戀歌 7

바람이 불고 비가 내리면
하얀 목련이 상처라도 입을세라
안쓰럽기만 한 내 마음
너를 닮은 걸까
바람에 연한 속살 드리우며
장독 사이에서
화려하게 꽃 피우고 말없이 떨어지는
너를 보면 애간장이 녹는구나
내년 봄이면 다시 찾아오겠지
기다릴 수밖에

연가戀歌 8

눈이 펄펄 내려
노송의 가지에도 소복이 쌓이고
아직은 봄이 오지 않았지만
가지마다 꽃봉오리가 피어나면 얼마나 좋을까
봄이 지금 왔다고 해도
혼자라면 무엇이 즐겁겠는가
당신이 내 곁에 있을 때
봄이 여름이 되고
그대 위해 진달래꽃도 꺾을 수 있고
아직 겨울이지만
철쭉의 꽃잎이
내 가슴에 망울망울 피고 있어요

제5부

너는

가을 2

앙증스럽게 작은 몸을
연초록으로 간직한 또 한켠의 친구들
10월의 문턱으로 다다르니
너도 나도 떠날 준비로 한창이다
이 밤 지나면 너는 또 어디로 갈 것인가
한때는 푸르름을 자랑했고
황금빛 광채를 몸에 두르고
웃고 있는 너를 보면
마음 밑바닥에서 차곡차곡 채워져
밀치고 솟아올라 가슴 가득 고인다
찬바람 불면 떠나는 너는
다음 해 다시 태어날 싹들을 생각하며
낙엽 되어 떨어지겠지
한풍이 지나갈 때까지 기다려야지
새로운 가을을 맞이하기 위해

풍경

빗속에 날뛰는 파도를 아무 말 없이 바라보고만 있었다

위태롭게 흔들리다가 떠나가는 선상 위로
슬픔의 조각들이 모여 내 몸뚱이를 칭칭 휘감고는
까닭 없는 슬픔이 온몸 가득히 번져
아픈 상처가 몸서리치도록 고운 빛깔에 걸려 넘어지면
내 손등을 잡고 애써 웃는 얼굴

우린 어떤 인연이기에
삶의 희망을 가슴 가득이 담아주고
희미한 등불을 들고 아직도 부끄러워하는
그 맑은 설향雪香으로
이 가슴 누르누나

내 몸 속에 까맣게 타들어가는 시간을 끄고
풍경을 보며
당신을 보며
그렇게 살고 싶다

마음

잔잔한 포말의
소리를 들어본 적이 있는가
민초의 작은 목소리를
귀 기울여 경청했는가
하늘을 바라봐도
부끄럽지 않은 마음인가
어떤 줄기에서 핀 꽃이라도
어떤 사람 냄새라도
맡을 수 있는 사람인가
성과 이름을 몰라도
청아한 눈동자는
한줄기 빛이니라
차가운 밤비에 젖고 싶다

운명처럼 다가온 그대

처음 만나는
순간부터 생각하게 되었고
가슴 벅찬 기쁨을 준
그대

꽃이 아무리 아름답다 해도
그대보다 아름다울 수 없는 것을

어젯밤에도
내 몸은 땀으로 뒤범벅이 되어
그대 꿈을 꾸었고

그대 삶 속에서 모르는 삶까지
사랑하며 살고 싶다

너는 1

이 밤 가고
새벽의 여명이 오는 동안
어디에서 머물고 있나요
수정같이 맑은 바다가
기다려집니다
머물러야 할 자리에 있었나요
혼돈스럽더라도
후회하지 말아요
마음이 이끄는 곳에서
더욱 편한 숨결처럼
지금까지 불려진 이름이 아닌
내가 부르는 이름으로
빛 한가운데에서 살아요

너는 2

바람이 풀잎을 흔들고 있다
나를 부르는 소리가 들린다
내가 너를 기다리는 것은
깊은 골짜기 숲 속에서
꽃을 피우기 위함이니라
새벽의 여명을 보면
네가 오는 소리가 들린다
너처럼 한결같이 존재하길 원하노라
감미로운 너의 입김이
나의 전신을 휘감고 도는구나
푸른 바다보다 아름다운 너는
봄이면 온 산천을 붉게 물들이고
내 가슴 적시누나

너는 3

아픈 가슴을 움켜잡고
혼자서 입맞춤을 바라는 입술이
기도를 한다

이 공허한 마음속에는
그리움만 가득하다
오늘 아침 내 눈물이 가슴속에 스며드는
이 설렘은 무엇일까

까닭도 없이 눈물이 흘러내린다
왠일일까
이 아픔

그대여
허락하소서
보고 싶은 내 마음을

너는 4

불탄 가슴에
바람은 낯설게
깨끗하게 불고 있다
유혹의 시선으로
내 삶의 날들
온화한 그대 마음이
따듯하게 숨 쉬고
그대는 생각나는가
뜨거웠던 시간을

바람과 비

흰 구름은 흘러간다
삶의 고뇌를 느껴보지 못한 사람이 아니고서는
저 구름의 마음을 어떻게 알겠는가
어둠이 오고 바람이 불고 폭풍이 몰아치는 밤
나는 너를 생각하였노라
내리는 빗줄기가 너라는 것을
슬프도록 아픈 너의 마음이란 것을
얼마나 보고픔이 가슴 저렸기에
이 넓은 대지를 눈물로 적시는가
슬퍼하지 마라
시간이 지나면 파란 하늘
살며시 웃는 달을 보면
가슴에 파도가 부서지고 꽃이 필 거야

나의 그리움

한 마리 새가 되고 싶다
바람이 전신을 스칠 때
내 영혼은 태어난 날로 돌아가
그때의 새와 바람이
나이었음을 나는 안다
내 영혼은 네가 되고
산이 되고 들꽃이 되어
내게 묻는다
뭐라고 대답해야 할까
안개 속을 걸으면 숲이며 풀잎은
외로움에 잠겨도 서로가 바라보며
자기 자리를 지키는 숲과 풀들
곱게 꽃피는 이 깨끗한 대지에서
나는 비록 나그네이지만
너는 나의 것
나의 그리움이다

비 내리는 아침

장맛비가 내린다
고운 빗살이 안개에 가려 희미한 저 뜰에
이름 없는 들꽃이 웃음 머금고 있다
가슴을 에는 목마름으로 하늘을 쳐다보는
그 고통과 고뇌를 참고 견뎌온 날들
비야 내려라 내 가슴을 흠뻑 적시어다오
아름다운 지난날 감미로운 언어들
지금 어디서 무엇을 하고 있는지
바람의 입김조차 없는 정막한 날들
입술 사이에서
천사의 숨결이 내 영혼에 내려왔었지
흐느끼는 바람 갈대의 울음소리도
향긋하고 가벼운 향기
숨 쉬는 모든 것이 속삭이려니
그윽한 소리는 내개 이런 말을 들려주었다
사랑하였느니라

화심花心

허공을 움켜잡았더니
안개 가득한 해변에서 바람을 만났다
산에는 꽃과 벌들이 마주보고
밤이면 미소 짓는 달은 중천에 솟았다
허공을 여행하는 내 마음
새벽이슬로
때 낀 영혼을 씻기 위해
나는 너의 꽃이 되고 싶다

머문 자리

하얗게 바래져가는 밤안개 속에서
깃털 떨어진 새의 울음소리를 들으며
떠나간 님아
망설이다가 떠나지 못하고
머문 그 자리에 서서
봄, 여름, 가을, 겨울, 세월을 삼키며
너를 위해 껍질을 벗기고 또 벗겨도
아련함만 소용돌이 칠 뿐
바람이 내 몸을 스치고 지나가면
낙엽에 쓰는 시詩는
바람에 날려가누나

단풍

산 넘고 재를 넘어 찾아간 산내마을
파란 하늘을 보면 내 마음도
노랗게 물든 단풍이 되었다
숲 속에서 만난 다람쥐 인사를 한다
햇살이 서산으로 기울 때
바람에 서걱대는 갈대의 울음소리는
우리네 삶도 저 소리와 다를 바가 있겠는가
자연의 순리대로 살다보면
기쁨과 슬픔이 종이 한 장 차이겠지
그래서 내 고뇌의 빈터에
노랗게 물든 단풍이 한 잎 두 잎 떨어져
가슴앓이를 하는구나

그 사람

어디로 가고 있을까
저 골짜기에 꼭꼭 숨어있는 한 사람
한풍이 휘몰아치는 날
청바지 깃털에 마신 술잔의 부딪침
만남의 첫 장은 인연을 잇는 고리었다
땅거미 지고 밤이 오면
험한 다리를 건너는 다람쥐처럼
꿈을 찾을 때까지
눈물을 서로 닦아줄 사람
그리고 너에게
새벽이슬의 싱그러움이고 싶다

가을바람

너의 이름을 불렀더니 가을이 왔다
저 넓은 들판에는 벼들이 익어가고
바람 불면 춤을 추는 오곡백과는
내 마음 속으로 날아오고 있다
이 세상에 왔다가 그냥 갈 줄 알았는데
너를 만나 품에 안고 창공을 날아보세
내님은 날 바라보고 나도 임을 바라보니
가슴 가득 채워지는 환희
빨갛게 익어가는 고개 숙인 저 열매
마음 속 그리움이 사무치노라

비 오는 날

올 여름에는 폭풍과 소낙비가
집 논밭 사람까지 앗아갔다
바람이 불 때마다 잎새가 울고
어두운 밤은 춥고 쓸쓸한 악몽이었다
神이 사람에게 영원한 행복을 주지 않는 것은
슬픔과 고뇌를 참고 견뎌야만
행복의 기쁨을 준다는 것이다
폭풍이 휘몰아쳐도 열매는 영글고
바람 불지 않아도 열매가 떨어지는 이유는
神의 조화 일까
누구에게나 비는 내리고
어둡고 쓸쓸한 날 있는 법이다
나는 더욱 소망한다
알찬 열매만 맺을 수 있다면
지금 당장 꽃이 아니라고
슬퍼할 이유가 없지 않는가
구름 위에는 태양이 존재하고
구름 걷히고
햇살 비칠 때까지 기다려야지

내 삶

새벽이슬 내릴 때 몸부림치던 날들
압축된 숨결 나를 질식시킨 너는
긴 긴 밤 암흑 속의 악마였어
어떤 인연으로 만났기에
전신에 전율이 엄습掩襲했었지
슬프고도 아름다운 달빛 아래서
많이도 울었지
오늘 밤 휘몰아치는 비바람이
내 몸속에 잠식되는 것은
생명의 혼불이 타오르기 때문이지
더 없는 이 행복
기쁨의 눈물이 흘러내린다

제6부

사랑하는 당신

싹들처럼

강심에서 천둥의 소리가 들린다
기다림의 보람으로
빙하 속에서 잠을 깬
설화의 속살을 보았다
풀잎이 미풍처럼
울림의 빛깔이 온몸으로 감싸고
슬픔과 고뇌를 태풍이 휘몰아 가고
밤하늘의 은하는
불꽃의 길을 만들어 주었다
바다같이 고운 손이
머리를 쓰다듬었고
침묵하고 눈 감아도
저마다 제 몫만큼 흐뭇했다
꽃의 속삭임은
아무나 들을 수 없다
새벽이슬처럼
새로 돋은 싹들이
설화의 향기로 나를 깨운다

기다림

문을 열고 바라보니
새들이 지저귀며 창공으로 날아오른다
생명이 있고 감성이 있고 빛깔이 있는
저 자연을 사랑하지 않는 이는 없을 것이다
바람이 분다 파도의 포말이 인다
기다림은 외롭고 서글프지만
기다림조차 없다면 죽음이다
기다림은 행복했다
시를 쓴다는 것은 힘든 일이지만
그대 오시는 그날까지 시를 쓰자

강물의 노래

강물이 바다가 되었다
내 삶이 진홍빛 심장으로 자리 잡던 날
심장을 도려내는 파도 소리에
새가 되기도 하고 풀벌레가 되기도 했다
내가 고독에서 벗어날 수 있었던 것은
강물을 만났기 때문이지
바람이 파도를 앞세우고 지나가면
내가 너를 앞세우고 강가로가
낙조落照를 품고 유유히 흐르리라

독백獨白

삐걱삐걱 계단을 뛰어오르다 넘어져
아픈 상처를 또 다쳤다
조그만 틈새로 새려는 마음 누가 붙들어 준다면
찬 가슴에 따듯한 온기가 스며들지도 몰라
나 모르는 외로움이
내 자신을 허물어 버리고 있는지
지금 꽃이 아니라고 외롭다 슬퍼하지 말자
흘러간 세월 되돌릴 수 없지만
맑고 신선한 방울들이 모여
개울이 되고 연못이 되어 강으로 흐르듯이
그런 날은 반드시 올 거야
미워하지도 원망하지도 않을 거야
깨끗한 물과 고요한 산천을 찾아 다니다가
나에게로 돌아올 거야
새들과 꽃들과 삶의 생기를 불러들여
우리 웃으며 마주 볼거야

사랑하는 당신

당신은 나의 분신 작은 소망과 사랑도
세월의 두께만큼 쌓여갑니다
그 맑고 아름답고 팽팽하던 얼굴이
눈가의 주름이 되어 강물 흐르고
평범하고 소박했던 꿈들은 가늘게 조각나
슬픔조차 체념해야 했던 날들
가로수에 연한 햇살이 내렸고
가지만 앙상하게 남았던 추운 길목에서
가끔은 휘파람을 불며 구불구불한 길
석양이 드리운 강가에서 당신을 불러봅니다
어느새 하늘엔 노란 반달이 떴고
봉숭아 물들인 당신의 반달 손톱을 생각하며
넘어질 듯 넘어질 듯 다시 꼿꼿이 몸을 세운 날들이
한두 번이 아니었습니다
긴 여정의 마지막 길에서도 떨리는 연민의 눈빛은
내 병든 몸을 위해 온갖 아픔을 삭여온 당신
저녁노을 바라보면 귀뚜라미 울음소리
서럽게 들려 밤마다 달빛 넉넉히 쓸어 담고 있습니다
지난날 당신 마음의 창을 두드리며 행복했던 날들
참 아름다웠습니다

안개꽃

하늘과 땅으로 바람은 가출을 한다
어느 카페에서 너를 만났지
우수에 젖은 뽀얀 얼굴
까만 눈동자
가냘픈 몸매
금세 가지를 흔들어 싹을 틔우고
꽃을 피우는 신비스런 너의 향기는
겨울잠을 깨우는 초록색 파문
실오라기 하나 걸치지 않은 누드
깊이 감추어 두었던 욕망이
나뭇가지에 걸려 도래질 하고 있다
바람이 불어오면 환희의 숨을 쉬고
푸른 빛 품에 안기어
넋을 잃게 하는 초록빛
너는 꽃 나는 나비
어둠은 더욱 어두워져 앞이 보이지 않아도
나는 너에게 물을 주리라

장미꽃

우리 사는 일 늘 그런 것이거늘
가슴에 비친 하늘 그림자
피는 꽃은 피는 대로 둘 일이지
꽃잎을 시샘하는 바람의 심술
6월에 피는 넝쿨장미가 더욱 붉다
바람 불어도 꽃은 피고
굳건한 꽃대에 물오르는 소리
피어오르는 꽃망울 당신에게 보낸다
바람이 분다 산으로 들로 바다로 가고 싶다
산과 나무와 바다를 붙들고
저물도록 함께 얘기하고 싶다
새벽빛이 은혜로운 아침
파도와 포말이 가슴을 파고든다
붉은 넝쿨 장미여
교만한 너는 사랑도 꿈꾸지 않는가
싱그러운 너의 자태 위에 수정 같은 빗방울
노랑 빨강 주황색의 화려함
비를 맞으면서도 뽐내고 있구나
오늘 내 생일을 축하해주기 위해

비와 그리움

스치는 바람 내리는 비
풀잎에 떨어지는 빗방울 소리
빗줄기 조각난 물결 위에
쇳소리를 내며 섞여드는 바람
생명이 타는 신비로운 소리
낙화의 향기는 음미할 수 없었다
내 삶의 뒤안길에서 나를 바라본다
덧없는 시간 속에서 아픔을 잊고
모든 것에서 해방되고 싶다
늘 다가오는 고뇌
그 아픔은 마음 밑바닥에서 나를 휘감고 있다
늘 기원하는 애틋한 마음
다시 태어나 굽이굽이 휘돌며 흘러가듯
그렇게 살고 싶다

새하얀 그리움

가냘픈 코스모스 비에 젖은 꽃잎처럼
종이 위에 써 내려가는 수많은 사연들
쓰고 또 쓰고 비상하는 나비처럼
손 끝에서 싹이 솟고 피어올라
산수가 화폭에서 춤을 춘다
잔잔하게 흔들리는 물 위로
황금빛 물방울이
둥글게 어우러진 물보라처럼
하얀 살결에 날씬한 몸매
언제 봐도 얌전한 몸맵시
갸우뚱 고개를 숙인다
만남은 많은 사연을 남기지만
결코 두려워하지 않으리라
내 인생의 석양은 끝없이
그대의 태양빛 속에서 빛나리라

삶의 여정

피할 수 없는 길목에서
피할 수도 있었겠지만
누군가 해야 할 사명감 같은 것이
내 발목 붙잡고 놓지 않았다
계속 어둠의 수렁에 빠지면서
굳고 단단한 벽에 마음 베이며
주먹으로 치거나 달래도 보았지만
무거운 쇠사슬에 끌려가는
내 마음 피할 수는 없었다
사람들은 잘못된 것을 알면서도
힘든 일 앞에서는 모두가 돌아섰다
그것이 나의 일이고 우리의 일임에도
너의 일인양 책임을 회피했다
좋은 세상이란
옳은 사람이 선한 사람이
인정받는 세상이어야 한다

강가에서

강가에 앉아 있는 그녀를 가만히 바라본다
머지않아 바람 불고 비 내리고
겨울의 찬바람과 눈이 내리면
추위에 지쳐 몸 가눌 수 없을 텐데
아직도 짐을 챙기지 않고
푸른 포말에 넋을 잃고 있는 그녀
무엇이 슬픔이며 기쁨인지 알고는 있는지
잎사귀 사이로 내민 너의 얼굴은 천사
이 비 그치면 우리 정갈한 몸맵시로
새 일터를 찾아가자
새벽이슬을 맞으며
가다가 힘겨우면 지난 세월 속
행복을 꺼내어 보리라

소녀에게

내가 가장 좋아하는 꽃을 볼 때마다
마음 속 깊은 곳에 향기가 가득했지
내 눈 속에 비친 너의 모습
구름과 강과 더불어 숨 쉬고
순결한 웃음 가득한 꽃이여, 시들지 마라
나는 많은 꽃들을 사랑하였노라
그러나 시간에 맞춰 물을 주지 못해
고통을 주기도 했지
너에게 고백하노라
내 소원을 들어다오
너의 물이 되고 싶다

빗물 속에 그려진 그리움

하늘이 참 아름다워라
날개를 달고 높은 창공을 날아서
사랑하는 님에게 가서 말하리라
나에게 사랑한다는 말 지금 들려주오
지금 이 시간이 지나고 나면 사랑한다는 말
들려준다 해도 들을 수가 없느니라
한번만 날 수 있는 날개를 신께 기도하여
이렇게 날아왔노라
나는 너와 어디론지 날아가고 싶다
가서 서로 마주보며 한생을 살고 싶다
지금 말하지 못하고 엉거주춤하다가는
나무와 꽃들이 나타나
우리를 영원히 바라보지 못하게
바람의 장막을 앞세워 외롭도록 고요하게
원죄原罪의 그늘에서 벗어나지 못하게 하리라
추위에 견딜 수가 없구나
바람아 불어라 내 아픈 가슴으로

함박눈

뒷산에서 부엉이 울음소리가 들린다
이 추운 겨울을 어떻게 지낼까
가슴이 아파온다
너무 추워서 우는 소리인가
여름에 놀고 가을에 거두지 않았으니
힘들 수밖에
찬 바람은 겨울동안 계속되겠지
봄을 향한 긴 여정을
어떻게 견뎌낼지
부엉이의 울음소리에
겨울밤이 깊어간다

삶

오늘은 맑고 맑다마는
내일은 구름이 안개가 되고 비가 될지도 모른다
나는 평생을 기자라는 이름으로 살아왔다
시를 쓰기도 한다
시 한 편을 써 놓고
콧노래를 부른다
기분이 좋다
때로는 하얗게 밤을 밝힌다
아침을 맞으면 전신은 만신창이
그래도 좋다
내 행복
내 기쁨
내 슬픔이 그안에 모두 녹아있다
건강을 걱정하는 아내의 투정
건강을 잃으면 모든 것을 다 잃는다는데
그래도 좋은데 어쩌란 말인가

갈증

맑디맑은 아침 이슬이 소리 없이 내려
보이지 않는 안개 속에서 숨을 고르고 있다
내리는 비를 맞으며 가슴에 맺힌 눈물이
망울망울 풀 밭길 위로 떨어진다
사랑과 행복을 시로 표현하지 못한
그 갈증은 슬픈 사연이었고 그리움이었다
갈 곳 없어 방황하는 나에게
바람이 불고 진눈깨비가 내린다
그 길이 어둠이라도 나는 좋다
가던 길 멈추고 하늘을 본다
허둥지둥 달려온 길 뒤돌아보니
구름사이로 내민 얼굴
그대는 누구십니까

노을

서산마루에 걸려있는 노을은
바다를 바라보고
바다는 하얀 물거품을 토해 내며 수를 놓는다
바람은 정처 없이 어디로 떠나가고 있는지
붉게 타는 저녁노을 마냥
내 가슴도 붉게 타고 있다
잘잘 끓던 한낮의 더위도 사그라지고
모든 것은 어디론가 사라지고 있다
노을의 황홀함이 있기까지
인생의 황혼이 있기까지
노을은 영원한 내 동반자

매화꽃

매화꽃이 피기를 기다린 이유는
소중한 추억으로 가슴에 안아야 했던
진한 슬픔이 있기 때문이다
높은 곳에서 낮은 곳으로
흐르는 물처럼 끝없이 밀려오는 보고픔
떨어져 있는 거리만큼 그리워진다
모자람이 오히려 기쁨이었고
서툰 표현이 더욱 행복했다
앙상한 가지에 솟아오른 새순의 고귀한 자태
바람이 불면 하얀 꽃으로 피어
허공을 날고 있는 너는 봄의 천사야

황갑윤 시인의 시 세계

푸른 뒤뜰에
풀을 뜯고 있는 소의 입을 가만히 바라본다
흙 속에서 뻗어 나온 가지런한 잔디를
하나 둘 세기가 그리 쉬운 일이던가
몸속에서 분출되는 작은 땀방울 하나에도
문을 여닫는 소리가 나고
갈라진 흙 사이로 간신히 내민 얼굴이
버티고 있기가 힘이 들다
화상畵像이 잊어져 가는 그곳을 지나 여름은 가고
풍성한 가을이 장밋빛으로 다시 찾아오고 있다
새벽의 빗살이 따뜻하게 적신 천이되어
젖은 몸을 문질러 풀어줄 것이다
몸이 병들지 않았는데 어찌 마음이 병들 수 있겠는가
장미꽃이 피는 곳에
병들어 앓는 일로 병들지 않는 것이 있다는 것은
혼魂이 있기 때문이다
눈을 떴다
새벽 내음을 깊이 들이마셨다
어디선가 따뜻한 여인의 밥 짓는 냄새가 난다

–「화상畵像」

청암 황갑윤 시인은「태양의 빛이 제 몫을 다한 빛이 아름다움이 노을이라면 인간의 삶 속에서 미움, 이기심, 분노, 사랑 등을 서정적 감정으로 시를 창작하며 고뇌와 번뇌를 인생의 긴 여정으로 연결한 여러 장르의 시를 표현하는 시인이며 특히 서정적 시는 세계에서 1인자라 할 수 있다」고 독자들은 말하고 있다.

「韓國 詩 大事典」허영자, 윤금초, 윤해규 편저

등불하나

지은이 황갑윤

인쇄일 2014년 10월 2일
발행일 2014년 10월 5일

펴낸이 박철수
펴낸곳 도서출판 해암

등록번호 제325-2001-000007호
주소 부산시 중구 백산길 17 삼성빌딩 702호
전화 051)254-2260, 2261
팩스 051)246-1895
전자우편 haeambook@hanmail.net

값 10,000원

ISBN 978-89-6649-057-8 03810

*본 도서는 2014년 부산문화재단 지역문화예술육성지원사업의 일부지원으로 제작되었습니다.